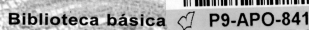

Biblioteca básica

Biblioteca básica de Historia

Biblioteca básica de Historia

Biblioteca básica de Historia

Biblioteca básica de Historia

Biblioteca básica de Historia

Biblioteca básica de Historia

Vida cotidiana
en la Edad Media

Vida Cotidiana en la Edad Media
Biblioteca Básica de Historia

© **Dastin Export, S.L.**
Polígono Industrial Európolis, calle M, núm 9
28230 Las Rozas (Madrid) - España
Tel. (+) 34 916 375 254
Fax: (+) 34 916 361 256
e-mail: dastinexport@dastin.es
www.dastin.es

Dirección Editorial: Raul Gómez
Edición y Producción: José Mª Fernández
Coordinación Editorial: Ediproyectos Europeos, S.L.
Diseño de colección: Enrique Ortega

ISBN: 84-96249-79-4
Depósito legal: M-39.996-2004

Impreso en España / Printed in Spain

Vida cotidiana en la Edad Media

Una dama y un caballero representados en un códice alemán del siglo XIV

La vida cotidiana en la Edad Media

Julio Valdeón Baruque

Catedrático de Historia medieval. Universidad de Valladolid

¡Edad Media! Tan próxima y a la vez tan lejana. Los europeos vivimos en naciones que se constituyeron en los tiempos medievales, hablamos idiomas que nacieron en aquella época y nos regimos por instituciones políticas cuya génesis remonta asimismo al Medievo. ¿No es también la Universidad una creación medieval? Una de las caras de la moneda nos está indicando que somos herederos de la Edad Media y que muchas de nuestras señas de identidad se gestaron precisamente en dicha época. Pero la otra cara de la moneda, por el contrario, insiste en poner de manifiesto la enorme distancia que separa a nuestro mundo del medieval. La secularización de la vida, la progresiva domesticación de la naturaleza o el primado de la razón, rasgos todos ellos característicos del mundo contemporáneo, ¿no parecen situar al ciudadano europeo de nuestros días en las antípodas de su antepasado, el hombre de la Edad Media?

Y, sin embargo, ¡cuántos vestigios de aquellos remotos tiempos perduran aún en la actualidad! Ciertamente la creciente homogeneización cultural, impuesta por los medios de comunicación de masas, está

Escena del Codex Granatensis, s. XV, Biblioteca del Real, Universidad de Granada

Mes de agosto, pintura románica, Panteón Real de San Isidoro de León

contribuyendo a borrar muchas de esas huellas. Pero aún pueden encontrarse, particularmente en núcleos rurales aislados, hábitos de comportamiento, actitudes mentales o ritmos reguladores del vivir diario que apenas difieren de los que informaban a las gentes de la Edad Media. ¿No consideramos elogioso llamar a alguien *caballero*, en tanto que tildarlo de *villano* resulta denigrante? He ahí un ejemplo típico de la persistencia de ideas propias de la época medieval. Pues bien, de esa Edad Media, cercana y remota a un tiempo, vamos a hablar. Pero no de los acontecimientos de aquel período, ni de sus grandes personajes. Nuestro objetivo es reconstruir la vida cotidiana de las gentes del Medievo. La tarea, no obstante, resulta ingente, no sólo por la diversidad de cuestiones que se encierran en la expresión *vida cotidiana*, sino también por la amplitud cronológica de la Edad Media –¡más de mil años desde la caída del Imperio Romano hasta el descubrimiento de América!–, e incluso por la heterogeneidad de territorios sobre los que deberíamos proyectar nuestra mirada. De ahí las limitaciones que, de entrada, hemos fijado para nuestra tarea. Por de pronto sólo hablaremos de la Europa cristiana, y, precisando más, de las zonas occidentales de dicho continente. Desde el punto de vista cronológico nuestra atención se centrará en el período posterior al año 1000. Una última observación: en lugar de pasar revista a un abanico interminable de cuestiones relacionadas con la vida cotidiana hemos decidido seleccionar unos cuantos aspectos de la misma, buscando, eso sí, una coherencia interna. En definitiva, lo que se ofrece a continuación quizá podría denominarse *Estampas de la vida medieval en la Europa cristiana (1000-1500)*.

El hombre y la naturaleza

Alabado seas, mi Señor, con todas tus criaturas, especialmente por nuestro hermano Sol,...
Alabado seas, mi Señor, por el hermano viento y por el aire, y la nube...
Alabado seas, mi Señor, por la hermana agua...

Jinetes y soldados del ejército cristiano, en un manuscrito del siglo X

Alabado seas, mi Señor, por el hermano fuego...
Alabado seas, mi Señor, por nuestra hermana la madre
Tierra,
   que nos sustenta y nos gobierna,
   y produce muchos frutos con flores de colores y hierba...

Así se expresaba, a comienzos del siglo XIII, Francisco de Asís, el *poverello* en su conocido *Cántico al Sol.* ¿Es posible interpretar esos versos como las visiones fantásticas de un iluminado? Ciertamente, nadie supo cantar tan bellamente como Francisco el hermanamiento del ser humano con los restantes elementos de la naturaleza. Pero lo que decía el fundador de la orden franciscana respondía a una realidad de fondo: la plena integración del hombre de la Europa medieval con la naturaleza. El ser humano era un elemento más de la Creación, junto con la tierra, el agua, las plantas o los animales.

Ahora bien, esa relación era particularmente estrecha con la tierra, de la que procedían todos los bienes y en donde se depositaban los seres queridos, una vez fallecidos. *Nuestra hermana la madre Tierra*, decía Francisco de Asís, confiriéndole una cualidad superior a la de los restantes elementos de la naturaleza. Todos somos hijos de una misma madre, la tierra, *cabeza del género humano,* se lee en un texto de finales del siglo XIV debido a la pluma del apóstata mallorquín Anselm Turmeda. La tierra era, por lo tanto, el elemento primordial.

Desde niño, el ser humano estaba acostumbrado a vivir en contacto con la naturaleza, a escudriñar el cielo, a diferenciar los árboles, a distinguir e rumor de las aguas y a reconocer el canto de los pájaros. Entre el

Montañesa navarra, según dibujo del siglo XVI

Escriptorium medieval, página de los *Libros del ajedrez, dados y tablas*

hombre y el medio natural había no sólo una comunicación sino más bien una identificación. La naturaleza, en sus diversas manifestaciones, formaba parte de la cotidianeidad del hombre medieval. Aquél era un mundo de objetos descarnados, de olores penetrantes y de sabores fuertes, pero también intensamente impregnado de suciedad y de miseria. La eliminación de las basuras o de las aguas residuales era un arduo problema. La precariedad de la higiene, por su parte, facilitaba la propagación de las enfermedades.

El hombre de Europa medieval –lo repetimos una vez más– estaba instalado en la naturaleza. Pero la relación entre ambos no era precisamente idílica. Ciertamente la acción humana se traducía, en ocasiones, en un deterioro del medio ecológico. Las medidas adoptadas en Castilla a partir del siglo XIII para proteger los bosques –imponiendo penas severísimas a los que provocaran incendios por una parte, y tratando de poner coto a una tala abusiva de aquéllos por otra– demuestran la existencia de una preocupación por mantener un equilibrio en el medio rural. Mas no saquemos las cosas de quicio, detectando un incipiente espíritu *ecologista* en el Medievo. En realidad, el hombre de la Europa medieval nunca tuvo conciencia de que los recursos de la naturaleza eran precarios y de que una actuación suya desmedida podía tener consecuencias fatales.

Por lo demás, el hombre de la Europa medieval se encontraba estrechamente dependiente de la naturaleza y, lo que sin duda era mucho más grave, se hallaba prácticamente inerme ante sus desbordamientos. Pensemos, simplemente, en la incidencia de las condiciones meteorológicas en la agricultura. ¿Cuántos *malos años* hubo en el transcurso de la Edad Media, en los cuales prácticamente se perdían las cosechas a causa de adversidades climatológicas de diversa índole? El ciclo infernal, característico de sociedades agrarias de débil desarrollo, como sin duda era el caso de la Europa medieval, es bien conocido: naturaleza enfurecida-malas cosechas-hambre-mortandad. El cronista Raúl Glaber nos ha transmitido un cuadro patético de la situación en que se encontró la Europa cristiana el año 1033, debido al hambre tan espantosa que se difundió por toda la Tierra, que *hizo temer por la desaparición del género humano*. El hambre fue, a su vez, la consecuencia inevitable de la pérdida casi total de las cosechas, motivada por las adversas condiciones climáticas:

> *Las condiciones atmosféricas actuaron hasta tal punto contra el curso normal de las estaciones que el tiempo no fue en modo alguno propicio a las sementeras y, sobre todo a causa de las inundaciones, no fue tampoco favorable a las cosechas... Lluvias incesantes habían empapado el suelo tan completamente que en el espacio de tres años no se abrió un surco que se pudiera sembrar...*

Campesino llevando grano en su borrico, imagen del Codex Granatensis

¿Y qué decir de la crisis desatada el año 1316 en Flandes? Oigamos al cronista Gilles le Muisit:

Aquel año... a causa de las lluvias torrenciales y de que los bienes de la tierra fueron recogidos en malas condiciones y destruidos en muchos lugares, se produjo una escasez de trigo... la penuria aumentaba de día en día... A causa de las intemperies y del hambre intenso, los cuerpos comenzaron a debilitarse y las enfermedades a desarrollarse y resultó una

Coronación de Godofredo de Bouillon en 1099

Cantero trabajando y obispo visitando la obra, catedral de Girona

mortandad tan elevada que ningún ser vivo recordaba nada
semejante. Yo certifico que en Toumai morían cada día
tantas personas... que el aire estaba completamente
corrompido...

No faltaron a esa cita macabra los reinos hispánicos.
La crónica del rey de Castilla Fernando IV, refiriéndose
al año 1301, nos dice que *los omes moríanse por las plazas e*
por las calles de fambre. Unos años más tarde, en 1345, los
procuradores de las ciudades y villas del reino, reunidos
en las Cortes de Burgos, ponían de manifiesto la relación
existente entre las adversidades meteorológicas y la
carestía de los alimentos:

En este anno en questamos fue muy grant mortandat en los ganados, e otrosi la simiença muy tardía por el muy fuerte temporal que ha fecho de muy grandes nieves e de grandes yelos, en manera que las carnes son muy encarecydas e los omes non las que pueden aver, e el pan e las carnes encarecen de cada dia.

El texto revela la importancia que, en los últimos siglos de la Edad Media, había alcanzado la carne en la alimentación. Mas con todo, el fundamento seguía siendo el pan. De ahí la importancia de las cosechas de grano y, en definitiva, la impotencia del ser humano ante las imprevisibles condiciones climatológicas.

A merced del medio físico

El medio físico ejercía un peso abrumador en la vida cotidiana de las gentes de la Edad Media. ¿Cómo hacer frente, por ejemplo, al frío o al calor? Los rigores invernales, sólo ausentes de los países del ámbito del Medi-terráneo, eran muy mal combatidos, lo mismo por los magnates nobiliarios que por los humildes labriegos. El arma contra el frío era el fuego. Combustibles no le faltaban al hombre del Medievo, ya fuera la leña de los bosques o el carbón vegetal. Con ellos puso en marcha unos sistemas muy toscos de calefacción. Pero, en general, las grandes chimeneas evacuaban hacia el exterior de las viviendas la mayor parte del calor producido en la combustión.

De esa forma las casas eran un refugio muy precario frente a la dureza de los largos inviernos. Claro que había otros recursos para hacer frente al frío, particularmente el

Dos caballeros jugando a los dados en una escena del *Libro del ajedrez*

vestido. Ropas gruesas y abundancia de pieles, rasgos característicos del vestido del hombre medieval, podían aliviar los rigores de la meteorología, sin olvidar, por supuesto, el calor natural generado en el trabajo diario. ¿Y qué decir del calor? Tampoco le resultó fácil al hombre de la Edad Media resistirse a los inconvenientes de la canícula. Sólo las iglesias y los castillos podían ofrecer cobijo fresco para huir de los rigores estivales.

Otro importante límite impuesto por la naturaleza a los seres humanos de aquella época lo constituía la noche. Período de pausa y de reposo, la noche de la Edad Media era ante todo un tiempo de inmovilidad, excepción hecha de los cantos de los monjes a la hora de Maitines o a la de Laudes. Las corporaciones de oficios prohibían severamente a sus miembros trabajar durante la noche. Los motivos de esa actitud eran varios, desde el peligro de provocar incendios con las candelas hasta el temor de que al contar los artesanos con una luz insuficiente realizaran obras imperfectas.

Pero también se buscaba con esa medida evitar la competencia desleal, que podían practicar quienes aprovecharan la nocturnidad para explotar brutalmente a los obreros. La noche podía servir, a lo sumo, para celebrar veladas, que podían tener por protagonistas a grupos de jocosos estudiantes, sin olvidar las que en ocasiones se desarrollaban en los castillos, o las propias de algunos días muy señalados del año, tales como el 24 de diciembre o la noche de los difuntos. Pero esto no invalida la idea de que la noche era en la Edad Media, hablando en términos generales, un *tiempo muerto*, a lo que contribuía el hecho de que los sistemas de iluminación de aquel tiempo eran no sólo precarios sino también de mucho riesgo.

Condenados arrojados a las fauces del infierno, tímpano de Sainte-Foy, siglo XII

Escena de vida cotidiana en la Edad Media en unas miniaturas de las *Cantigas* (Monasterio de El Escorial)

Escena de esquileo
y de siega en una
miniatura medieval

Escena de vida cotidiana en la
Edad Media en unas
miniaturas de las *Cantigas*
(Monasterio de El Escorial)

Taller de cantería y escultura, Florencia, Orsanmichele

La sumisión del hombre a la naturaleza adquiría, no obstante, sus perfiles más dramáticos cuando se producían graves catástrofes. Nos referimos a los incendios, las inundaciones, las pestes, etc. Los incendios estaban a la orden del día, constituyendo, trágicamente, un elemento casi cotidiano en la vida del hombre medieval. Sin duda la abundancia de la madera como material de construcción en las viviendas facilitaba su propagación.

Ocasionados habitualmente por descuidos, los incendios eran a veces ordenados por la autoridad militar, como castigo en tiempo de guerra. Tal aconteció en tiempo de la rebelión de las Comunidades de Castilla, a comienzos del siglo XVI, con la villa de Medina del Campo.

Las inundaciones, menos frecuentes que los incendios, eran, no obstante, muy temidas, pues ocasionaban daños irreparables. Veamos algunos

La rueda de la fortuna, en un manuscrito francés del siglo XV, París, Biblioteca Nacional

testimonios. Los *Anales Compostelanos* nos informan de los desastres ocurridos en tierras de Galicia a mediados de diciembre del año 1143, debido a las lluvias torrenciales:

... las aguas destruyeron casas, puentes y muchos árboles; sumergieron animales domésticos, rebaños e incluso hombres, y confundieron las vías seguras de antiguo.

La *Crónica de Juan II*, por su parte, da cuenta de las inundaciones que tuvieron lugar a finales de 1434 y comienzos de 1435, motivadas por incesantes lluvias. Recordemos lo sucedido en Valladolid:

Murió mucha gente en los ríos y en las casas donde estaban, especialmente en Valladolid, donde cresció tanto Esgueva, que rompió la cerca de la villa e llevó lo más de la Costanilla é de otros barrios.

¿Y las pestes? Las condiciones en que vivía el hombre de la Europa medieval facilitaban la difusión de las epidemias, particularmente en las ciudades. En ellas se aglomeraban gentes de muy diversa condición, incluidos vagabundos, pordioseros, emigrantes recién llegados del campo, soldados de paso, etc. Abundaban las ratas, agentes por excelencia de la propagación de los bacilos. La promiscuidad en los alojamientos era asimismo un factor favorable al contagio. Incluso las gotitas de saliva que se proyectaban al hablar podían contribuir a la contaminación de la variedad pulmonar de la peste.

En determinadas coyunturas históricas los europeos, víctimas de epidemias mortíferas, tuvieron la sensación de que se aproximaba el fin de los tiempos. Tal aconteció a mediados del siglo XIV, con la trágicamente famosa *Peste negra*. En aquellos años los seres humanos parecían simples juguetes, zarandeados por rabiosas fuerzas de la naturaleza a las que en modo alguno podían aplacar.

De nada valieron las humanas previsiones y los esfuerzos en la limpieza de la ciudad por los encargados de ello, ni tampoco que se prohibiera la entrada a los enfermos que llegaban de fuera ni los buenos consejos para el cuidado de la salud, como ineficaces fueron las humildes rogativas, las procesiones y otras prácticas devotas.

Es el testimonio de Boccaccio a propósito de la situación de Florencia cuando hizo su aparición la peste negra. Difícilmente podía concebirse una mayor dependencia del hombre con respecto a la naturaleza.

Los cronistas medievales nos han transmitido igualmente noticias de diversos sucesos, de origen natural, que causaban un gran impacto allí donde se producían: eclipses, plagas de langosta, volcanes en erupción, caída de meteoritos, etc.

El hombre de la Europa medieval, en definitiva, se hallaba mucho más próximo a la naturaleza que el de nuestros días, pero también mucho más a su merced. Algunos historiadores del Medievo piensan que ahí se encuentra la clave explicativa de determinadas características del hombre de aquella época. Pensemos, por ejemplo, en su tantas veces proclamada mayor robustez física así como en su alta capacidad para la paciencia.

Modelos de vestidos de mujeres navarras del siglo XVI

El ritmo de la vida

La vida humana, lo mismo en los remotos tiempos paleolíticos que en nuestros días, depende de dos coordenadas inapelables: se desarrolla en el tiempo y se localiza en el espacio. Ahora bien, en el transcurso de la historia ha variado tanto la concepción del tiempo y del espacio como la adaptación del ser humano a dichos límites físicos. ¿Cómo respondieron los habitantes de la Europa cristiana medieval ante la imposición de ambas retículas, la temporal y la espacial? Y en consonancia con esta respuesta, ¿qué características tenía el ritmo de la vida en la época medieval?

Escena del Codex Granatensis, Biblioteca del Hospital Real, Universidad de Granada

Calendario medieval, mes de julio, segador con hoz, Canterbury

Señalaremos, de entrada, que para el hombre de la Europa medieval el *tiempo* tenía dos referentes fundamentales: uno de carácter físico, el sol; otro de tipo cultural, las campanas de las iglesias. Así pues, la dependencia del hombre hacia la naturaleza se ponía de manifiesto una vez más. Pero en esta ocasión estaba acompañada de un intermediario, esa tupida malla que afectaba a todas las esferas de la vida humana y que denominamos religión cristiana.

La salida del sol era para los rústicos la señal del comienzo de la jornada, y la puesta del astro rey, su final. No cabía mayor adecuación de la vida cotidiana a las condiciones ofrecidas por la naturaleza. Sin duda la hornada variaba de unas estaciones a otras, siendo más larga en verano y más corta en invierno. Pero al margen de esas matizaciones la regulación de la vida era, para las gentes del campo, muy sencilla: el tiempo de actividad comprendía desde el alba hasta el anochecer.

Pero la cristianización de la sociedad europea se tradujo en la superposición de otros sistemas de contabilización del tiempo, con los cuales se buscaba una distribución adecuada de las oraciones de los eclesiásticos. La jornada, es decir las veinticuatro horas del día y la noche, se dividía, desde esa óptica, de acuerdo con las horas canónicas. Cada tres horas las campanas de las iglesias monásticas anunciaban el rezo correspondiente: a medianoche, Maitines; a las tres, Laudes; a las seis, Prima; a las nueve de la mañana, Tercia; a mediodía, Sexta; a las 15 horas, Nona; a las 18, Vísperas; y a las 21, Completas. Es una división de la jornada diaria que ha pervivido aún en pleno siglo XX para diversas órdenes religiosas. Por lo demás, esta división no era rígida, adaptándose a las estaciones, particularmente al verano y al invierno. En cualquier caso, de lo expuesto cabe deducir que para los monjes la jornada comenzaba a medianoche.

La regulación natural del ritmo de la vida diaria no entraba en contradicción con el sistema de las horas canónicas. El mejor ejemplo de esa confluencia lo constituyen las ciudades. En ellas las campanas de las iglesias ejercían un papel determinante, como elemento guía de la actividad humana. Pero al mismo tiempo el

Danza de campesinos, por Pieter Brueghel, Viena, Kunsthistorisches Museum

orto y el ocaso del sol eran también puntos de referencia fijos.

No obstante, el hombre de la Edad Media terminó por aceptar una medición del tiempo en función de criterios aportados por el estamento eclesiástico. Si el día se dividía en horas canónicas, ¿qué era el calendario anual, sino la relación de las fiestas de la Iglesia? Así, por ejemplo, el 11 de noviembre era, ante todo, el día de San Martín. Los domingos, por su parte, se designaban por las primeras palabras del introito de la misa. Por lo que se refiere al comienzo del año había diferencias notables, pues mientras para unos se situaba en el día de Navidad, para otros se hallaba en las Pascuas. Pero en definitiva el punto de partida era, en uno y otro caso, una festividad religiosa. Más tiempo tardó en generalizarse la costumbre de contar los años a partir del nacimiento de Cristo, que se suponía ocurrió el 25 de diciembre del año 753 de Roma.

En tierras ibéricas, por acudir a un ejemplo bien conocido, perduró hasta finales del siglo XIV la denominada *era hispánica*, que establecía el inicio de la datación treinta y ocho años antes del nacimiento de Cristo. Pero estas excepciones no invalidan el fuerte peso de los elementos religiosos en la regulación del tiempo. No tiene por ello nada de extraño que J. Le Goff haya hablado del *tiempo de Dios*, para referirse a la plena supeditación del hombre medieval, en lo que a su medida se refiere, a fines puramente trascendentes.

Pero la Edad Media no fue una época estática. En los últimos siglos de dicho período histórico el panorama que hemos presentado había sufrido importantes transformaciones, la más importante de las cuales –por lo que afecta al tema que nos ocupa– fue sin duda la

Quema de libros en un manuscrito alemán, Wittenberg, 1520

Recolección de melones (arriba) y de coles (abajo) en unas miniaturas del *Codex Granatensis,* siglo XV

Miniatura de las *Cantigas* de Alfonso X el Sabio

aparición de una concepción del tiempo de carácter laico. Esta novedad tiene mucho que ver con la propagación de los relojes. Ciertamente el hombre medieval siempre había estado preocupado por disponer de instrumentos con los que medir el tiempo. El problema se había resuelto en parte gracias a los relojes de sol o a los astrolabios, pero en ambos casos había claras limitaciones, dada la dependencia del sol, en un caso, o de las estrellas, en el otro. ¿No era posible poseer relojes más precisos, del tipo del que había regalado el califa musulmán harún al-Rachid a

Escena del Codex Granatensis, siglo XV, Granada, Biblioteca del Hospital Real

Escena cortesana en una miniatura de un cartulario gallego del siglo XIII

Los segadores, por P. Brueghel del Viejo, 1565, Nueva York, Metropolitan Museum

Mes de marzo, pintura románica, Panteón Real de San Isidoro de León

Carlomagno, cuya fama perduraba a través de los siglos?

La importancia de los relojes era particularmente sentida en los núcleos urbanos. Las actividades económicas que en ellos se desarrollaban requerían un sistema de regulación del curso horario fijo. El gran paso adelante en este sentido lo constituyó la difusión de los relojes de pesas y campanas, introducidos en Europa en el siglo XIV e instalados en las torres de los ayuntamientos de las más importantes ciudades. De esa manera los burgueses podrían conocer el transcurso del tiempo al margen tanto de la sucesión del día y la noche como de las horas canónicas. Los relojes municipales anunciaban las horas en función de criterios *matemáticos*, o, si se quiere, *laicos*. Poco tiempo después harían su aparición en escena los relojes de pared. Del *tiempo de Dios* se había pasado, según la expresión de Le Goff, al *tiempo de los hombres*.

La comunicación con el exterior

El horizonte territorial de las gentes de la Europa medieval era asimismo muy limitado. Cuando los cronistas de aquel tiempo hablaban de la *tierra* solían hacer referencia no sólo a la parte del planeta conocida, sino incluso a un ámbito espacial mucho más restringido, el de la Europa cristiana situada en la órbita de los pontífices romanos. Más allá de ese territorio se hallaba el Imperio bizantino, baluarte de una civilización al fin y al cabo cristiana, aunque disidente, y el mundo de los infieles, personificados por el Islam y de perfiles un tanto imprecisos. A partir de ahí los contornos aparecían cada vez más borrosos, ya se tratara de tierras en las que habitaban pueblos paganos más o menos anónimos o de los Imperios del Asia oriental, con los que los europeos mantenían contactos comerciales indirectos a través de la Ruta de la Seda.

Ciertamente el impulso experimentado por la Europa cristiana a partir del siglo XII se tradujo en una comunicación más intensa con el mundo exterior, incluido el Extremo Oriente. Los viajes llevados a cabo

Biblia románica de S.an Isidoro de León, Escritorio del Real Monasterio

por el mercader veneciano Marco Polo en el transcurso del siglo XIII constituyen un buen ejemplo de esa ampliación de horizontes que vivieron los europeos de la Baja Edad Media. Pero tampoco saquemos conclusiones apresuradas de unos viajes ocasionales. La proyección espacial del hombre medieval, hablando en términos generales, fue siempre muy reducida. La mayoría de la población apenas salía del estrecho radio de acción de las aldeas en que vivía. No olvidemos que en la Edad Media la proximidad se definía por la distancia que se podía recorrer a pie, en camino de ida y vuelta, entre la salida y la puesta del sol. En esas condiciones no puede sorprender el abrumador predominio alcanzado en dicha época por el localismo, criterio regulador por excelencia de la vida humana.

Ahora bien, sería erróneo suponer que en la Europa medieval no hubo movilidad. Con posterioridad al año 1000 la mayor seguridad de las rutas y el incremento de los intercambios, tanto económicos como culturales, propiciaron un espectacular aumento de los desplazamientos. Mercaderes, clérigos, peregrinos, juglares o vagabundos animaron los caminos de la Europa bajomedieval. Por la ciudad francesa de Aix pasaban, en el siglo XIV, de doce a trece viajeros de media por día, lo que, para aquella época, constituye un índice muy respetable.

Los viajes, no obstante, tropezaban con un sinfín de obstáculos, debido tanto a la precariedad de los caminos como al arcaísmo de los medios de transporte. La infraestructura básica en las comunicaciones terrestres de la Europa medieval venía dada por las antiguas vías romanas, progresivamente deterioradas. Hubo que esperar al siglo XII para que, particularmente

Soldados en una escena de las *Cantigas* de Alfonso X el Sabio

desde los incipientes burgos, se prestara mayor
atención a la reparación de los caminos o a la
construcción de nuevos puentes. Por lo demás los
peligros que acechaban al caminante eran muchos y de
muy diversa índole.

Podía ser asaltado por bandidos. Veamos lo que le
sucedió, en el año 1446, al escudero Juan de Mazuela
cuando se dirigía, por la noche, desde Murcia hacia
Orihuela:

... Rodrigo Moscoso e Gonçalo Moscoso e Hortuno robaron al dicho Johan de Maçuela seys mil maravedís e las ropas que levava e le ataron de pies e manos e lo lançaron en el río para que muriese.

Afortunadamente el mencionado Juan de Mazuela pudo salvarse.

... así como fue echado en el agua de espaldas cayó encima de unas ramas e de allí con los dientes cortó las ligaduras que tenía e venóse pasado el río a este cibdat (de Murcia), e los malfechores fueronse contra las partes de Aragón.

Otros muchos viajeros no tuvieron la misma suerte cuando fueron atacados por bandoleros. ¿Y qué decir de los innumerables peajes que se pretendía cobrar a los que atravesaban tierras señoriales?

Pero no eran menores los inconvenientes derivados de los propios medios de transporte. El viajero debía caminar a pie o, en el mejor de los casos, beneficiarse de la fuerza animal –caballos, mulos, asnos, etcétera–. Pues bien, la velocidad de desplazamiento del caballo apenas sobrepasaba los diez kilómetros por hora. Por otra parte era difícil recorrer en un día, en cualquier medio de transporte terrestre, más de sesenta kilómetros. Baste recordar que para atravesar Francia de norte a sur se necesitaban unos veinte días. ¿No imponían estas condiciones un ritmo de la vida necesariamente lento?

Veamos un ejemplo concreto. Conocemos con detalle el itinerario seguido por el monarca francés Felipe Augusto en el otoño del año 1191 desde Roma a París, a regreso de la tercera cruzada. Desde la localidad de

Jardín del amor, miniatura de lun manuscrito francés, s. XV, París, Biblioteca Nacional

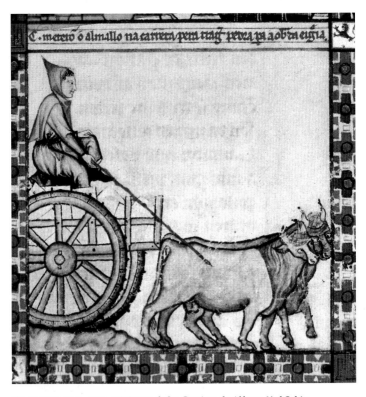

Campesino en su carro, miniatura de las Cantigas de Alfonso X el Sabio

Sutri, a pocos kilómetros al norte de Roma, hasta San Genesio, en el valle del Elsa, cerca de Pisa, con una distancia de 280 kilómetros aproximadamente, tardó quince días, lo que significa una media ¡inferior a los diecinueve kilómetros al día!

Unos años después, en 1254, el obispo de Rouen, Eudes Rigaud, que regresaba de una peregrinación a Roma, siguió prácticamente el mismo itinerario. El obispo Rigaud hizo ese trayecto en diez días, alcanzando una media de 28 kilómetros por jornada. Es posible que encontrara las rutas en mejor estado, pues su viaje lo realizó en verano.

En cualquier caso, y aun admitiendo un progreso en las comunicaciones del siglo XII al XIII, los viajes del hombre medieval eran muy lentos.

Es indudable que las vías acuáticas, tanto las fluviales como las marítimas, ofrecían ventajas considerables sobre las terrestres, sobre todo para el transporte de mercancías. Pero dichas vías apenas eran utilizadas para el desplazamiento de las personas. Por lo demás, no todos los ríos eran navegables. Así pues, nos encontramos de nuevo con una barrera de carácter natural, el espacio en este caso, que limitaba fuertemente los horizontes vitales del hombre de la Europa medieval.

Las condiciones materiales de existencia

La fuerte dependencia del hombre de la Europa medieval con respecto a la naturaleza se tradujo, inevitablemente, en unas condiciones materiales de existencia que, desde nuestras perspectivas contemporáneas, podemos juzgar harto precarias. Sin duda esas condiciones variaban mucho de unos grupos sociales a otros. La distancia que separaba a los grandes magnates de la nobleza, o a los ricos mercaderes de los sufridos labriegos o de los humildes artesanos, tanto en lo que se refiere al techo bajo el que se cobijaban como a la ropa con la que se cubrían, o incluso a los alimentos con que se sustentaban, era enorme. Pese a todo, las carencias eran notorias, lo mismo entre las capas populares que entre los poderosos. Ello no obsta para señalar que la vida material de las gentes de la Edad

Mujeres medievales realizando tareas de jardinería

Trabajos de minería en una miniatura del siglo XV

Media se hallaba en estrecha consonancia con sus propias condiciones físicas y mentales.

Comenzaremos por hablar de la vivienda. La casa en que habitaban los campesinos, o los que residían en las ciudades, desempeñaba diversas funciones. Al margen de su papel de refugio ante las inclemencias naturales, la vivienda era ante todo el ámbito de residencia de los miembros de la familia, el soporte físico que garantizaba la cohesión de los emparentados. Pero la vivienda de la mayoría de las gentes del Medievo, es decir de los que

pertenecían al estamento de los *laboratores*, ya fueran
labriegos, artesanos o pequeños comerciantes, era
también un centro de actividades productivas.

La vivienda de los campesinos era, a la vez que
residencia de su familia, granero y establo. En los núcleos
urbanos las casas de los artesanos y de los pequeños
comerciantes, sin duda las más representantivas, eran
inseparables del taller y del lugar de venta de los objetos
fabricados. Un elemento visible de las viviendas era la
chimenea. No olvidemos que un *fuego* era equivalente no

Músicos medievales (arriba) y banquete (abajo) en unas miniaturas de la época

Degollación de los inocentes, Panteón Real de San Isidoro de León

Mes de febrero, pintura del Panteón Real de San Isidoro de León

sólo a un hogar sino también a una unidad de percepción fiscal. Pero más allá de estos rasgos generales comenzaban las diferencias. Variaban las viviendas en función de los materiales empleados para su construcción, de las características específicas de cada región y de las disponibilidades económicas de sus propietarios.

El punto de partida de la vivienda medieval era muy sencillo. Había un único espacio de habitabilidad, una gran sala en la que se trabajaba, se cocinaba, se comía y se dormía. Pero en el transcurso de la Edad Media la vivienda experimentó notables transformaciones, la más importante de las cuales fue quizá la división del espacio de alojamiento en función de los diferentes actos de la vida humana. Es preciso señalar, no obstante, que las principales novedades se produjeron en las viviendas urbanas. La ciudad fue, ciertamente, un campo de experiencias urbanísticas. La casa campesina, por el contrario, aunque también conoció mejoras se mantuvo fiel a las pautas tradicionales.

¿Cómo era la vivienda de un artesano de una ciudad de la Europa medieval? ¿Es posible presentar un *modelo*? No se nos oculta que tal empresa entraña un alto riesgo de generalización. Pese a ello vamos a ofrecer un *modelo* de lo que podríamos considerar la vivienda-tipo de una ciudad de dimensiones medias en los siglos XV-XVI, es decir la época final del Medievo.

Esa hipotética vivienda, en cuya construcción entra básicamente la madera, en combinación con la piedra, el ladrillo o el adobe, tendría dos pisos, uno situado a la altura de la calle y otro encima del mismo. En el piso inferior encontramos dos espacios diferenciados, uno de ellos destinado a tienda o taller; el otro para uso privado, generalmente para cocinar y comer. La planta baja tiene una puerta de entrada, que da a la calle. Al fondo suele haber un patio en el que, en ocasiones, hay un pozo. Una escalera comunica con el primer piso, en el cual lo habitual es que haya dos o tres piezas destinadas a dormitorios. Aparte de lo indicado, la vivienda posee una bodega, situada en el subsuelo, y un granero, por encima del primer piso.

En la época en que situamos nuestro *modelo*, los progresos del *confort* se manifiestan en la existencia de

Señorita, anciana y dama de Pamplona, dibujo francés, 1570, París, Biblioteca Nacional

letrinas, baldosas en los suelos y los diversos elementos utilizados para protegerse del frío o de la lluvia, entre los cuales empezaban a ser frecuentes los paneles de cristal. ¿Qué dimensiones tenía esa vivienda? Una respuesta razonable nos dice que cada planta tenía unas dimensiones aproximadas de unos seis metros de longitud por ocho de anchura. Ello significa que la familia disponía en total de cerca de cien metros cuadrados. Nada de amontonamiento, por lo tanto. En cuanto a la altura de los pisos lo habitual es que oscilara en torno a los tres metros.

Pero dejemos la especulación y acudamos a las realidades conocidas. Un ejemplo óptimo nos lo ofrecen las investigaciones efectuadas por A. Collantes sobre la ciudad de Sevilla en el siglo XV, que aportan datos muy interesantes acerca de la vivienda urbana en dicha época. Por de pronto variaban los materiales de construcción. En la ciudad hispalense los más utilizados eran el ladrillo y el tapial. Predominaban las casas de dos plantas, la superior denominada *sobrado*. Una vez cruzada la puerta de entrada, único vano de la planta baja, se llegaba a la *casa-puerta*, primera pieza de la vivienda, generalmente destinada a taller o a tienda.

Elemento esencial de la casa sevillana era el patio, en torno al cual se disponían otras piezas, entre ellas la cocina. En el patio se encontraba habitualmente el pozo. Los aposentos o *palacios* variaban mucho de una vivienda a otra. Por lo que se refiere a las letrinas o *necesarios* solían ser de utilización conjunta por los vecinos de diversas viviendas. Señalaremos, finalmente, que las dimensiones de esas viviendas sevillanas eran, en general, más reducidas que las antes apuntadas.

Mes de agosto, trillador con aparato de azotar, M. Canterbury, h. 1280

Muy típicos de las ciudades de la Corona de Castilla eran los corrales. Se trataba de viviendas de condición modesta y de reducido tamaño que se organizaban alrededor de un patio o corral. Un único pozo servía para atender las necesidades de todos los vecinos del corral. Veamos la descripción que aparece en un documento del año 1461, el *Apeo de las casas del cabildo de la catedral de Palencia,* a propósito de un corral de aquella urbe, llamado de *falconeros.*

Músicos y danzantes en una miniatura alemana, Heidelberg, 1310-40

Yten, yendo adelante, el corral de falconeros, lynde casas de los capellanes e lynde la çerca de canto; luego a la derecha del corral unas puertas con una tranca; e entrando, a la mano derecha, una casa con sus puertas... e luego un portal e en el portal una escalera e ençima unos sobrados...

iten ende luego un pozo con un arco de canto encima...

iten ende luego, e lynde la puerta principal del corral, otra casa con sus puertas e su escalera e su sobrado et todas estas

*casas deste corral... están muy mal rreparadas e las escaleras
todas quebradas e los sobrados todos los más dellos dessolados.*

El texto, como se ve, describe unas viviendas
pequeñas, por lo demás en mal estado. No hay
menciones de cámaras, ni de corredores, ni de bodegas,
etc. Se trataba, no lo olvidemos, de casas ocupadas por
gentes de condición muy modesta.

La vida, día a día

El mobiliario de las viviendas medievales era, por lo general, muy limitado. Eso explica que las casas de la Edad Media dieran una sensación de vacío. Apenas había otra cosa sino los muebles imprescindibles para poder desarrollar las funciones vitales básicas, como comer y dormir. De hecho el mobiliario giraba en torno a cuatro elementos esenciales, la cama, la mesa, los bancos o asientos y las arcas.

La cama era el mueble por excelencia. De ahí que decir de alguien que *no tiene más que la cama en la que se echa*, expresión frecuente en los textos castellanos de fines de la Edad Media, equivale a considerarlo persona de extrema pobreza. La cama solía ser de gran tamaño, debido a que en ella dormían ordinariamente varias personas, a veces hasta seis. Ahora bien, en ocasiones la cama era simplemente un mueble desmontable, una serie de bancos o tablas que, al colocar sobre ellos almadraques y colchas, se convertían por la noche en lecho para la familia. Pero también podía ser la cama una estructura de madera que, en ocasiones, se adornaba con un dosel. Los colchones podían estar rellenos de paja, en las camas de las gentes más pobres, o de plumas, lo que constituía un síntoma de *confort*. También variaba la ropa de cama, desde la sarga en unos casos hasta el lino en otros.

Era igualmente de suma importancia en la vivienda de los europeos de la Edad Media la mesa. Había, por supuesto, numerosas modalidades de mesa, desde la que descansaba sobre caballetes, que se desmontaba al terminar de comer –de donde viene la expresión *quitar la mesa*– hasta la adosada sobre la pared. La altura óptima de

Fruto de la mandrágora, Codex Granatensis, Granada, Biblioteca Hospital Real

las mesas era, según la opinión expresada en el siglo XIV por el médico afincado en Sevilla Juan de Aviñón, de tres palmos. Era frecuente, no obstante, que no se alcanzara dicha altura, lo que significaba incomodidad evidente para los que se sentaran en torno a ella.

Los bancos constituían el tercer elemento clave de la casa popular en el Medievo. El citado Juan de Aviñón había indicado las dimensiones ideales de los bancos: dos palmos de anchura y uno y medio a dos de altura. Ni que decir tiene que la tipología de este mueble era variadísima. Podía haber en las viviendas un asiento especial reservado para el padre de familia. En cualquier caso era frecuente la utilización de cojines, que servían para amortiguar la dureza de la madera, material empleado para la construcción de los bancos.

Las arcas, finalmente, servían para guardar los enseres de la vivienda, desde los vestidos hasta los utensilios.

Dos personajes ricamente ataviados en una imagen del Codex Granatensis

Miniatura del Codex Granatensis, Granada, Biblioteca Hospital Real, Universidad

Incluso los alimentos se guardaban en ellas, o los libros, cuando los había. Solían tener complicados herrajes. Por lo demás, las arcas, que en realidad cumplían básicamente funciones propias de armarios, mueble poco habitual en la Edad Media, podían utilizarse igualmente como asientos. No obstante, los objetos de mayor valor se guardaban habitualmente en cofres de tamaño menor que las arcas, y por lo tanto más manejables.

El mobiliario de la casa medieval ciertamente no se agotaba con los elementos citados. ¿Cómo olvidar los braseros, los candiles, los candelabros o los espejos? ¿O las esteras, las alfombras o los paños colgados de las paredes? ¿O los utensilios propios de la cocina: calderas, ollas, trébedes, jarras, tinajas, escudillas, artesas, etcétera? ¿O la cuba para la colada y para los baños? Objetos variadísimos, como ruecas, jaulas, atriles, etc., podrían aparecer asimismo en una vivienda de la Europa medieval. Pero eso no obsta para poner de manifiesto que las gentes de aquella época habitaban en unas casas escasamente amuebladas, por más que en el transcurso de la Edad Media se fuera incrementando el número de objetos utilizados en las viviendas, particularmente en los núcleos urbanos.

¿Cómo era el vestido de las gentes de la Europa medieval? Dar una respuesta concisa a este interrogante es de todo punto imposible. Hay, ciertamente, algunas características generales. El vestido femenino, por ejemplo, suele ser largo, en tanto que el de los hombres es corto, salvo el propio de ceremonias o actos litúrgicos. Otra nota distintiva es el predominio del color negro para la ropa que utilizaban el campesinado y en general los sectores más modestos de la población. Pero apenas se puede ir más allá de lo indicado. El vestido del hombre medieval experimentó importantes cambios, debidos ante todo al dinamismo de las ciudades y de los burgueses que vivían en ellas, pero también al contacto con otras civilizaciones, en particular con la musulmana, a raíz de las Cruzadas.

El vestido era un elemento distintivo del grupo social al que se pertenecía. No se trataba sólo de que los *laboratores* no tuvieran posibilidades económicas para adquirir la ropa de lujo que vestían los nobles, sino de que las propias normas acerca del vestido solían estar escrupulosamente reglamentadas. Un ejemplo muy significativo lo constituyen a este respecto las disposiciones adoptadas en las Cortes celebradas en Valladolid el año 1258, en tiempos del monarca Alfonso X el Sabio. Entre otras cosas se establecía una neta diferencia entre los oficiales mayores de la casa del rey y

La siega y la vendimia en una miniatura del Beato de Fernando I y doña Sancha

los menores. Sobre estos últimos se establecía tajantemente que en adelante:

Non trayan pennas blancas nin çendales nin siella de barda dorada nin argentada nin espuelas doradas nin calças descarlata, nin çapatos dorados nin sombrero con orpel nin con argent nin con seda.

Las normas sobre el vestido afectaban asimismo a los eclesiásticos, a los que se prohibía usar ropas bermejas, verdes o rosadas. Los clérigos, seguía diciendo esa disposición, debían llevar calzas negras, prescindir de cendales y de zapatos con hebillas y utilizar en sus cabalgaduras únicamente sillas blancas. Esta normativa se suavizaba para los canónigos, a los que se permitía llevar cendales, con tal de que no fueran rojos ni amarillos, y usar sillas azules en sus cabalgaduras.

Como no podía menos de suceder, las medidas de las Cortes de Valladolid de 1258 segregaban a hebreos y a musulmanes en lo relativo al vestido. Los judíos –se decía– no llevarían pieles blancas, ni cendales de ningún tipo, ni calzas rojas ni paños de color. Idénticas normas se aplicarían a los mudéjares, a quienes además se prohibía utilizar zapatos blancos o dorados.

Pero las diferencias en el vestido iban más allá de lo que indicaban esas disposiciones. Entre los nobles y los campesinos por una parte, o entre los ricos mercaderes y los modestos artesanos por otra, la distancia que había en el atuendo era enorme. Los poderosos hacían ostentación de su riqueza, vistiéndose con paños de calidad y de llamativos colores. Labriegos y artesanos, por el contrario, utilizaban tejidos bastos y de tonos oscuros.

Músicos tocando la flauta, miniatura de las *Cantigas* de Alfonso X el Sabio

Las principales innovaciones, por lo que al vestido de las gentes de la Europa medieval se refiere, se produjeron con posterioridad al siglo XII. Las modas se gestaban en las ciudades, siendo los burgueses sus protagonistas. Quizá el rasgo distintivo más significativo fue la progresiva adaptación del vestido al cuerpo humano, lo que contribuía a delinear mejor su silueta. Paralelamente se transitó desde una época caracterizada por la escasa diferenciación entre el atuendo masculino y el femenino a otra dominada por la nítida separación de los sexos en el vestido.

¿Cómo olvidar aspectos de la *moda* femenina de fines del Medievo, tales como el encorsetamiento de la cintura o los pechos altos? El cabello largo de las damas contrastaba asimismo con la tendencia al rasurado de los caballeros. Por lo demás, a las piezas básicas del vestido tradicional había que añadir el uso de guantes, sombreros, pieles preciosas y, en su caso, velos. Ni que decir tiene que los progresos de la moda fueron al unísono con el desarrollo de la producción textil y en particular con la difusión de las telas de calidad.

Las novedades en el vestir fueron ante todo cosa del *popolo raso* de las ciudades. Pero sus ecos no tardaban en llegar al resto de la sociedad, ya se tratara del medio rural o del *popolo minuto* de los núcleos urbanos. A tenor de sus posibilidades, tanto los labriegos como los artesanos procuraban imitar los modelos de los burgueses, por mucho que las leyes siguieran fijando con precisión las normas en el vestir de cada grupo social.

En la segunda mitad del siglo XIV, a raíz de la difusión por Europa de la peste negra, pareció desatarse un deseo irrefrenable de disfrutar de los bienes terrenales. En ese contexto las viejas costumbres se habían esfumado. ¿No le parecía al cronista florentino Mateo Villani un escándalo que se admitiera *que las mujeres de baja condición se casen con ricos vestidos que habían pertenecido a damas nobles ya difuntas?*

Tampoco ahorraban sus críticas los predicadores en los púlpitos, al denostar el desenfreno en el vestido que se observaba a fines de la Edad Media entre las clases populares.

Santa Cena, detalle del retablo de la Cartuja de Miraflores, de Gil de Silóe, siglo XV

Los hábitos alimentarios

En la alimentación de las gentes de la Europa medieval hay dos elementos de base, uno sólido, el pan, y otro líquido, el vino. Conviene, no obstante, precisar más esta idea. Durante los primeros siglos de la Edad Media los campesinos no comían pan propiamente dicho sino un amasijo de cereales, generalmente mijo y avena, cocidos en una olla con agua o leche, a los que se añadía sal. Esa

Escena de juegos en una miniatura del *Libro del ajedrez*, de Alfonso X el Sabio

masa, aplastada y cocida, se convertía en una hogaza. El pan auténtico surgió cuando pudo utilizarse algún ingrediente alternativo de la levadura.

Por lo que se refiere a la bebida se dibujan en la Europa medieval dos áreas bien diferenciadas: la del vino y la de la cerveza. La primera se centraba en el ámbito mediterráneo, aunque también comprendía otras áreas, como el valle del Rin. La cerveza era la bebida predominante en las tierras situadas al norte de los Alpes.

Pero además del pan y la bebida la comida del hombre medieval contaba con otros muchos alimentos. Se les denominaba genéricamente el *companagium*, es decir todo aquello que acompañaba al pan. Era la carne, el pescado, las hortalizas, las verduras, las legumbres y las frutas. Por lo general la mayor o menor proporción de esos alimentos dependía de numerosos factores, entre los cuales se hallaban en primer lugar las posibilidades de aprovisionamiento de cada comarca. Sin duda las bases de la alimentación eran los productos locales, al menos en el medio rural.

En las ciudades, por el contrario, la alimentación solía ser más variada, debido al desarrollo de los mercados urbanos.

El ejemplo más característico de autoabastecimiento lo proporcionan los pastores, para los cuales la alimentación consistía básicamente en leche y productos lácteos (queso y mantequilla).

Examinemos más detenidamente el *companagium*. Por lo que se refiere a la carne, el papel principal lo ocupaba el cerdo, animal apreciadísimo en la Edad Media debido a su aprovechamiento prácticamente integral. También el ganado bovino y el ovino proporcionaban carne para el alimento humano. Veamos un ejemplo. En las tasas del precio de la carne establecidas por el concejo de la ciudad de Murcia en la década de los setenta del siglo XIV figuran especificadas las siguientes variedades: carnero –que tenía el precio más alto–, macho cabrío, vaca, oveja, cordero, puerco, puerca y ternera. No podemos olvidar, por otra parte, la importancia alcanzada por la caza, así como por las aves de corral. No obstante la presencia de la carne en la dieta alimenticia de las clases populares, tanto del campo como de la ciudad, no sólo era menguada sino que en cierto modo estaba desfigurada, pues solía consistir en tocino, tripas, lengua, hígado, patas, etcétera.

El pescado era un sustitutivo de la carne, particularmente en los períodos de abstinencia. Podía ser pescado de mar o de agua dulce. Sus variedades apenas diferían de las actuales, si bien se consumían también algunos escualos, cuya carne hoy se considera dura en exceso. El pescado se presentaba en diversas formas: fresco, en salazón, ahumado, etc. Las tasas del concejo murciano, antes mencionadas, contemplaban estos tipos de pescado: de río y anguilas frescas; de salsa –el más caro–, de freír, menudo.

En cuanto a los alimentos de origen vegetal, los más frecuentes eran las judías, las lentejas, los guisantes, las habas, los nabos, las coles, las lechugas, los rábanos, las calabazas y los ajos. Entre las frutas cabe destacar las manzanas, las peras, las cerezas, las ciruelas y las fresas. Añadamos los huevos, las grasas animales y el aceite vegetal y por lo que a las bebidas se refiere, aparte del vino y la cerveza, el mosto de manzana, la leche, el hidromiel y, naturalmente, el agua.

Capítulo aparte lo constituyen las especias –pimienta, canela, azafrán, jengibre, etc.– importadas de Oriente.

Exorcismo ante la tumba de San Vicente, Jaume Huguet, s. XV, Barcelona, MNAC

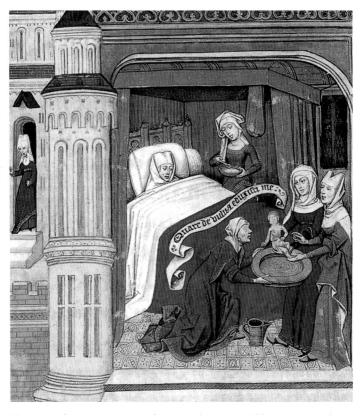

Nacimiento de un niño, miniatura francesa, Valenciennes, Biblioteca Municipal

Sin duda sazonaban convenientemente los manjares, pero su alto precio actuaba de criterio selectivo a favor de las mesas de los poderosos.

Al igual que la vivienda o el vestido, la alimentación variaba no sólo en función de las condiciones de cada territorio, sino también, y de manera muy acusada, de acuerdo con la estratificación social entonces existente. Así, por ejemplo, la aristocracia se caracterizaba no sólo por el hecho de que su mesa estaba habitualmente bien surtida, sino ante todo por el abundante consumo de carne, por lo demás bien condimentada.

En el polo opuesto se hallaba la dieta monástica, caracterizada por la sobriedad y la abstinencia de carne, considerada fuente de concupiscencia. Los monjes tenían en los vegetales, símbolos de pureza, su principal fuente nutricia.

Frente a la importancia de las especias en las mesas señoriales, en los monasterios se prescindía de ellas, entre otras razones porque se pensaba que tenían virtudes afrodisíacas. ¿Una mesa insípida la monacal, en contraste con la fuertemente sazonada de los nobles? Sin duda, pero esa diferencia solía tener sus consecuencias: la longevidad era frecuente en el claustro; por el contrario, muchos aristócratas padecían enfermedades relacionadas con los abusos en la comida: obesidad, hipertensión arterial, inflamaciones articulares, etcétera.

Para las clases populares el pan, con frecuencia elaborado con cereales secundarios, era la base de la alimentación.

Todavía en los últimos siglos de la Edad Media el pan significaba entre el 50 y el 70 por 100 de la ración alimenticia de los jornaleros de la región de Provenza; en tanto que en esas mismas fechas y en ese mismo territorio sólo suponía el 25 por 100 para las gentes de condición *mediana*. Los productos vegetales también tenían un papel importante en la alimentación de la *gente menuda*, particularmente entre los campesinos. La carne, en cambio, escaseaba, aunque su mayor o menor peso en la dieta alimenticia dependía de circunstancias con frecuencia puramente locales.

Pero vayamos a las fuentes. Unos emisarios navarros, enviados a la corte del rey de Castilla, a la sazón en Sevilla, en el año 1352, llegaron el 29 de mayo a comer a Palenzuela, procedentes de Burgos. Compraron pan, vino, carne, berzas, pimienta y ajos. Ese mismo día fueron a cenar a Dueñas, adquiriendo dos pares de pollos, tocino, lechugas, vinagre, pan, vino, pimienta, azafrán y cominos. El 10 de junio llegaron a Sevilla, comprando para la comida pan, vino, carne, berzas, ciruelas, pimienta y ajos. La única novedad importante con respecto a la jornada de Palenzuela-Dueñas es la incorporación de la fruta. Pero si vemos lo que consumieron por ejemplo el día 1 de julio, residentes todavía en Sevilla, observaremos una importante novedad: junto al pan, el vino, la fruta o los ajos, aparecen el pescado para la comida y el queso para la cena. La razón de ese cambio obedece a que ese día era viernes.

La gente comía utilizando escudillas, cucharas y cuchillos, pero no platos, ni tenedores, ni servilletas, ni manteles, salvo en casos excepcionales. Pero estaba muy extendida la costumbre de lavarse las manos antes de sentarse a la mesa.

Un espacio nuevo: la ciudad

Se dice con frecuencia que el campo fue el protagonista por excelencia de la Europa medieval. Puede darse por buena dicha afirmación siempre que con ello no se excluya la consideración de la ciudad como elemento igualmente inseparable del Medievo, al menos con posterioridad al siglo XII. En verdad campo y ciudad

Ángel músico del retablo el Árbol de Jesé, por Gil de Silóe, Burgos, catedral

Pastor músico, detalle del Panteón Real de San Isidoro de León

estaban interpenetrados, constituyendo dos caras de una misma moneda.

Ahora bien, la ciudad poseía características propias, rasgos singulares que la diferenciaban del medio rural, tanto en su aspecto externo como en las funciones que desempeñaba y, aspecto que nos interesa particularmente, en el ritmo de la vida diaria. J. Chiffoleau ha puesto de manifiesto esa dicotomía al indicar que frente al campo, *espacio del mito y de lo salvaje*, la ciudad era *el lugar de la Historia, de la contabilidad, de la acumulación*.

Por de pronto la ciudad se desarrollaba en espacios cerrados, separados de la naturaleza por medio de una muralla. Las *Partidas* definían a la ciudad como *todo aquel lugar que es cercado de los muros*. Se dirá que muchos núcleos de población, a los que en modo alguno puede llamarse ciudades, también estaban rodeados de una cerca. Pero de lo que no cabe duda es de que todas las ciudades tenían muralla.

La función primordial de las murallas era proteger a la ciudad. En realidad, el sistema defensivo de los núcleos urbanos incluía un complejo de elementos: el muro propiamente dicho, las torres, las puertas, los fosos, las barbacanas, etc. Por lo demás, fue frecuente la construcción de un recinto fortificado doble, formado por dos barreras paralelas. Pero la muralla era asimismo un elemento adecuado para realizar a su sombra actividades de diversa naturaleza, entre ellas las de carácter mercantil.

¿No habían buscado cobijo en numerosas ocasiones los *pies polvorientos* en los muros de las antiguas *civitates*? El *azogue*, lugar en donde se efectuaba el mercado diario, se situó en Valladolid al pie de la primitiva cerca. En el

Prueba de caballos, *Livre des Merveilles*, París Biblioteca Nacional

"Maestro de Cabestany", Muerte y martirio de San Saturnino, Saint-Hilaire-de-l´Aude

recinto murado de Palencia, la puerta principal se llamaba del Mercado, debido a que en la zona llana que se extendía delante de ella tenía lugar el intercambio de mercancías. El *azogue nuevo* de Salamanca se localizaba entre los siglos XI y XIII junto a una de las puertas de la vieja muralla, la del Sol. Por su parte, una de las puertas de la cerca de Zamora se denominaba del Mercadillo.

La muralla era también una barrera jurídica. Los que vivían detrás de ella gozaban de un determinado estatus, del que carecían los que habitaban en el exterior. Cruzar

las puertas de la ciudad suponía entrar en un ámbito jurisdiccional distinto de lo que se derivaba, como mínimo, la necesidad de pagar unos tributos. Las puertas eran, por lo tanto, centros de percepción fiscal. De ahí el interés de los gobiernos municipales en vigilarlas, cuidando su cierre nocturno, y procurando evitar que hubiera brechas en la cerca, pues por ellas podía entrar gente que escapase a las imposiciones establecidas.

La muralla era, al margen de sus funciones militares, económicas y jurídicas, la fachada externa de una ciudad, su carta de presentación. Frente a los enemigos la muralla se cerraba a cal y canto, y desde ella se disparaban saetas. Pero en ocasiones solemnes los muros se engalanaban y de ellos salían músicas festivas.

La calle era un elemento esencial del paisaje urbano de la Europa medieval. Las calles de las ciudades medievales solían ser estrechas, con una anchura que oscilaba entre los dos y los cinco metros, salvo para las grandes arterias, que podían llegar a los diez-doce metros. Eran asimismo con mucha frecuencia tortuosas, con pocas secciones rectilíneas y abundancia de tramos en pendiente. Ni que decir que, ante esas condiciones, la circulación en las calles de las urbes medievales era en extremo difícil.

Identificadas habitualmente con nombres religiosos, las calles medievales eran lugares de gran animación, aunque también de muchos peligros. Uno de ellos era sin duda la polución, por más que ésta tuviera un origen orgánico o mineral. Había promiscuidad entre seres humanos y animales, había exceso de inmundicias, había suciedad por doquier. En la Europa medieval los habitantes de las ciudades –ha dicho muy gráficamente J. P. Leguay– vivían en medio de *lo excremencial*. Desde el siglo XIII, no obstante, se observa un interés creciente de los poderes públicos por tomar medidas que garanticen un mínimo de higiene pública.

Las calles de las ciudades medievales eran escaparates de la actividad económica que se desarrollaba en su seno. De cara a ellas trabajaban los artesanos, en agotadoras jornadas laborales, que fácilmente alcanzaban las catorce horas diarias. Por las calles transitaba asimismo multitud de vendedores ambulantes gritando su mercancía, pero también

Toma de Jerusalén por los francos, *Libro de las Cruzadas*, Viena, Bib. Nacional

deshollinadores, reparadores de arcas o de ollas,
cesteros, etc. En las calles se aglomeraban, a la busca de
un trabajo, los jornaleros sin cualificación o los
emigrantes recién llegados del campo. Las calles, por
otra parte, fueron el ámbito adecuado para la génesis y
la propagación de las revueltas urbanas.

Desde otro punto de vista hay que considerar a la calle
como lugar de espectáculos variopintos. En ellas podía
verse actuar a juglares y a titiriterios. ¿No fue asimismo la

Castillo de Manzanares el Real, Madrid, siglo XV

calle lugar de celebración de fiestas, tanto profanas como religiosas? Por las calles se realizaban desfiles, solemnes unas veces, caricaturescos otras. El espectáculo organizado se desarrollaba durante el día. Por la noche podía continuar la fiesta, si bien con un carácter espontáneo y generalmente protagonizado por los jóvenes.

En ocasiones excepcionales, como una visita regia, las calles se engalanaban. Recordemos lo que le sucedió el año 1467 a Enrique IV de Castilla cuando, después de vencer a sus enemigos en la batalla de Olmedo, se dirigió a la villa de Medina del Campo. Aunque el monarca hizo su entrada de noche, los habitantes de

Medina *abrieron todas sus puertas e ficieron grandes hogueras por las calles e pusieron lanternas a las ventanas, en tal manera que parescía ser de día según la mucha claridad que se mostraba*, nos dice un relato cronístico de la época.

Pero la calle era también un refugio para la marginalidad. Por ella deambulaban mendigos, delincuentes, ociosos, locos, deformes, gentes de profesiones dudosas, borrachos, etcétera. Había abundantes niños callejeros y asimismo niños abandonados. Territorio idóneo para la circulación del rumor y la siembra de la sospecha, la calle era también lugar de desarrollo de la violencia y de la criminalidad.

Vida urbana

Ciudad medieval y comuna son conceptos inseparables. La comuna, *palabra nueva y execrable*, según la opinión manifestada a comienzos del siglo XII por Guibert de Nogent, era la asociación de los habitantes de los nuevos burgos, deseosos de arrancar libertades a los señores feudales de quienes dependían. Ni que decir tiene que las comunas urbanas de los siglos XI y XII sugieren la existencia de estrechos lazos de solidaridad entre todos los componentes de la colectividad vecinal.

Pero con el tiempo se fue produciendo una nítida división social entre los poderosos y la *gente menuda*, o lo que es lo mismo entre los ricos y los pobres. Por una parte se encontraban los hombres de negocios, grandes mercaderes y maestros de las corporaciones, por otra los trabajadores. Es la contraposición, por decirlo con terminología propia de las ciudades italianas, entre el *popolo grasso* y el *popolo minuto*.

Juan I de Portugal, el duque de Lancaster y eclesiásticos en un banquete, miniatura de las Crónicas de Inglaterra, siglo XIV

Las ciudades medievales, por lo tanto, fueron el escenario del nacimiento del sistema de producción capitalista, y con él del proletariado industrial. En los más importantes núcleos urbanos, al calor de la actividad artesanal, particularmente notable en la producción textil, se estaban generando unas relaciones laborales entre maestros y obreros de nuevo cuño. Los primeros compraban la fuerza de trabajo de los segundos por un salario generalmente bajo. La explotación era más acentuada cuando la mano de

obra era femenina. De una fecha muy temprana
–finales del siglo XII–, Chretien de Troyes nos ha
dejado un testimonio espléndido sobre la triste
situación en que se hallaban las tejedoras de seda de
Champaña y el Artois:

Siempre tejeremos paños de seda,
pero nunca podremos vestirlos,
siempre estaremos pobres y desnudas
y pasaremos hambre y sed...

Representación de Eva en un dintel de la catedral de Autun, hacia 1130, Museo Rolin

Las tejedoras eran conscientes, no obstante, de que otros se enriquecían a costa de su trabajo:

Nosotras estamos unidas en una gran miseria, pero se enriquece gracias a nuestra actividad aquel para el que trabajamos...

Las tejedoras citadas al menos tenían un trabajo y un salario. Pero en los últimos siglos de la Edad Media abundaban en las ciudades los parados, sin ninguna protección corporativa, dispuestos a aceptar cualquier tipo de trabajo. Todo indica, por lo tanto, que en las ciudades europeas de fines del Medievo había un caldo de cultivo propicio a la protesta y a la revuelta.

¿No se produjeron a fines del siglo XIII las primeras huelgas obreras de la historia de Europa? ¿Y las grandes conmociones sociales del siglo XIV, de las cuales acaso la más llamativa fue la que tuvo lugar en Florencia el año 1378? Privilegio o servidumbre, según se mire, las ciudades de la Europa medieval también se diferenciaban del campo por la singularidad de su tejido social y de los conflictos inherentes al mismo.

El trabajo y sus miserias tenían, como contrapeso, el ocio y las diversiones. En la ciudad el componente lúdico tenía un papel relevante. El tiempo de descanso invitaba a los *laboratores* a acudir a la taberna, lugar en el que se conversaba, se bebía y se jugaba. Recordemos a este propósito lo que decía una poesía goliardesca:

Cuando estamos en la taberna
libres de cuidados terrestres,
vamos derechamente a los juegos,
nuestra incurable pasión.

Concilio de Acre y sitio de Damasco, Gillaume de Tyr, siglo XI

Mujeres trabajando en la cocina, miniatura del *Tacuinum Sanitatis*

La taberna y los juegos, con todo, no eran privativos de la ciudad. Sí lo eran, en cambio, las casas de baños. En principio, el baño tenía una doble connotación: por una parte se consideraba necesario para la higiene, pero por otra era sospechoso de aproximación al erotismo. De ahí que durante buena parte de la Edad Media los baños públicos estuvieran sujetos a normas de moralidad muy estricta, exigiéndose, de entrada, la radical separación de sexos. Así ocurría, por ejemplo, en las veintiséis casas de baños que había en París a fines del siglo XIII.

En los últimos siglos del Medievo, no obstante, las cosas cambiaron. *Para estar limpio y alegre entro a menudo en los baños,* dice a fines del siglo XIV Francesc Eiximenis, por boca de uno de sus personajes. La rigidez de antaño fue perdiendo terreno, al tiempo que la idea misma del baño –limpieza del cuerpo– se equiparaba con la purificación interna –limpieza del alma–. En este contexto hay que situar tanto los relatos escritos del siglo XV acerca de los baños de diversas ciudades europeas como las miniaturas de la misma centuria que representan escenas de baños. El italiano Poggio, que acompañó al pontífice Juan XXIII el año 1416 a Constanza, nos ha dejado un sensacional testimonio de los baños de la ciudad suiza de Baden, próxima a Zurich. En los baños públicos, situados en el Rin, pudo observar la presencia conjunta de hombres y de mujeres, de jóvenes y de ancianos. Lejos de escandalizarse, Poggio vio aquel espectáculo como algo natural e inocente.

Es sorprendente ver viejos decrépitos, al mismo tiempo que muchachas jóvenes, entrar en el agua todos desnudos... no pude por menos de admirar la inocencia de estas gentes...

El Poggio, no lo olvidemos, era un humanista, por lo que su visión de las cosas estaba más próxima a un mundo secularizado. En cualquier caso, ¿no había sido la ciudad un elemento decisivo en la creciente secularización de la vida cotidiana?

Encuentro de Matilde de Casona y Güelfo V de Baviera, Roma, Biblioteca Vaticana

La muerte

Somos un espectáculo para el mundo. Que grandes y pequeños, por nuestro ejemplo, vean a qué estado serán inexorablemente reducidos, cualquiera que sea su condición, su sexo o su edad. ¿Por qué, pues, miserable, estás lleno de orgullo? Polvo eres y en polvo te convertirás, cadáver fétido, alimento y pitanza de los gusanos.

Tal es el texto de la inscripción que aparece en la tumba del cardenal La Grange. Se trata de un eclesiástico de la época del Cisma de Occidente. Su sepultura, que se encuentra en la ciudad francesa de Aviñón, nos ofrece la escultura de un cadáver en descomposición. ¿Cabe imaginar un cuadro más tétrico que el formado por la talla y la inscripción susodichas?

Grupo de universitarios en una clase de lectura, bajorrelieve italiano, siglo XIV

Nos equivocaríamos, no obstante, si creyéramos que ésa había sido la imagen habitual de la muerte en el transcurso de la Edad Media. Nada más lejos de la realidad. El tránsito a la otra vida, durante buena parte del Medievo, aunque siempre doloroso, nunca había ido acompañado de caracteres macabros. Fue en los últimos siglos de la Edad Media cuando la muerte adquirió esas connotaciones. Sin duda tuvo mucho que ver en ello la difusión de la peste negra y, la cotidianeidad de la epidemia en la vida de los euroepos de fines del Medievo.

También jugaron su papel las hambrunas y las devastadoras guerras de los siglos XIV y XV. ¿Cómo olvidar, por otra parte, la creciente desarticulación de los abolengos familiares, a consecuencia de la continua emigración del campo a la ciudad, y con ello de los viejos ritos de la muerte? En el contexto de la crisis de fines de la Edad Media se dieron, inequívocamente unidos, el amor a la vida y la presencia de la muerte, el deseo de disfrutar al máximo los bienes terrenales y el grito desgarrador que produciría el final de la existencia.

En la concepción cristiana la muerte era simplemente el instante en que se separaba el alma del cuerpo. El creyente, por lo tanto, debía estar preparado para ese momento crucial en el que iba a abandonar este mundo para dirigirse al más allá. El acto a través del cual los mortales dejaban constancia de sus voluntades era el testamento. Pues bien, desde mediados del siglo XIII se observa un notable incremento de la práctica testamentaria. Se ha hablado, incluso, de una *democratización* de los testamentos en la Baja Edad Media. El noble y el villano, el rico mercader y el

officium habeant. Amphi enim grece. utrumqʒ; dr. i.
cp in aquis ꞇ in terris uiuunt. ut foce. cocodrilli ypota
mi. h. est equi fluctuales. De balena.

Est belua in mari q̄ grece aspido delone dr. latine u
aspido testudo. Lecte ꞇ dicta. ob immanitatem cor
poris. e. enim sic ille qui excepit ionam. cuius aluus
tante magnitudinis fuit ut putaret infernus dicen

Bestiario, sobre la ballena, siglo XII, Oxford, Bodleian Library

Escena que representa una boda, F. del Cosa, Ferrara, Palacio Schifanonia

modesto artesano, todos querían expresar en un documento escrito sus deseos.

En el testamento no sólo se estipulaba la voluntad del testador acerca del futuro de sus bienes, sino que se manifestaba el deseo de corregir yerros pasados y de sintonizar con el estamento eclesiástico. Ciertamente los testamentos podían redactarse en cualquier momento de la vida, pero lo más frecuente es que se hicieran cuando su protagonista se encontraba gravemente enfermo. Es posible que la época del año en que mayor número de testamentos se realizara fuera la comprendida entre los meses de abril y de octubre. Al fin y al cabo eran los meses del calor, lo que significa también que eran los más propicios para las fiebres y las pestilencias. En definitiva, el testamento era una pieza fundamental en la estrategia de todo mortal para afrontar su paso al otro mundo con las mayores garantías posibles. El testamento era, en cierto modo, el complemento de la confesión. De ahí que morir *intestado* o *sin confesión* fueran en la Edad Media expresiones muchas veces sinónimas.

La muerte, en la Europa de los siglos XIV y XV, se convirtió en un espectáculo, entre macabro y melancólico, que se ofrecía, para su contemplación, al resto de la sociedad. Debe matizarse, no obstante, que la idea de la *muerte-espectáculo* fue ante todo un acontecimiento propio de las ciudades, pues el mundo rural siguió más apegado a las viejas tradiciones.

El *tiempo de la muerte* comenzaba en realidad después de haberse producido el fallecimiento. El cuerpo del finado era envuelto habitualmente en un sudario de tela blanca. Tras un período de vela del

Pila bautismal con
hombre y león en el
zócalo y basiliscos y
máscara en la taza, hacia
1100, Freudenstadt,
Baden-Wurtemberg

cadáver se procedía a su enterramiento. Éste solía hacerse con gran rapidez, lo que obedecía no sólo a motivos de índole sanitaria –posible descomposición del cadáver–, sino también a razones de carácter mental, como alejar el peligro de contagio de la muerte. Pero el recorrido desde la vivienda del muerto hasta su lugar de enterramiento, es decir la procesión fúnebre, se efectuaba a fines de la Edad Media con gran solemnidad. Ahí radicaba básicamente el espectáculo de que antes hablábamos.

Familiares, compañeros de oficio del fallecido, clérigos en número variable y, en su caso, un cortejo de *plañideras* –particularmente cuando se trataba de gente de elevada posición económica– acompañaban en su último viaje al finado, que iba depositado sobre un lecho funerario. Paralelamente se desarrollaba lo que algunos investigadores han presentado como un auténtico *teatro de la muerte*, del que formaban parte las campanas, las plegarias, las antorchas e incluso los colores del duelo.

Las campanas doblaban para ahuyentar a los demonios durante la procesión. Gritos y lamentos de deudos y amigos, cantos y plegarias de los eclesiásticos eran asimismo parte integrante del recorrido funerario. Las antorchas que portaban las *plañideras* –cuando estaban presentes– realzaban la teatralidad de la escena. Por lo que se refiere a los colores utilizados para el duelo, el habitual era el blanco, reservándose el negro para las familias aristocráticas.

Los lugares de sepultura eran los cementerios –lo más frecuente– o las iglesias. No obstante, a fines de la Edad Media proliferaron las capillas funerarias, erigidas por familias de la nobleza o de la alta

Relieve de "Paliotto" de Salerno, marfil, h. 1084, Salerno, Museo del Duomo

Lapidación de San Esteban, ábside de la iglesia de St. Johann, Müstair

Rey a caballo, piedra arenisca, antes de 1237, Bamberg, catedral

burguesía. Mas no todo había concluido con el enterramiento. Los familiares del finado debían ofrecer comidas funerarias, a las que en ocasiones asistía mucha gente. En principio esas comidas tenían como finalidad reconstruir la cohesión de la comunidad, aunque a veces eran simples distribuciones de alimentos a los pobres. Por lo demás, la muerte, que no era un fin sino un tránsito, el paso del mundo terrenal al del más allá, desencadenaba la puesta en marcha de una larga serie de ritos conmemorativos, de los cuales el más importante era sin duda la misa del primer aniversario. Con ella se podía dar por definitivamente concluido el *tiempo de la muerte*. Era en ese momento, por otra parte, cuando se ponía punto final al luto que se había guardado por el fallecido.

El más allá

Pero la muerte tenía un alto precio. No nos referimos sólo a los gastos concretos que ocasionaba el entierro y los funerales. Pensamos, ante todo, en la necesidad de acudir a los clérigos, como intermediarios privilegiados para conseguir la salvación de los difuntos. Los testamentos de los siglos XIV y XV nos muestran bien a las claras la preocupación de los testadores por hacerse propicios al Señor mediante la organización de misas, aniversarios, capellanías, etc., o a través de mandas piadosas.

La misa era, sin duda, el viático esencial, el soporte más consistente para conectar al mundo de los vivos con el de los muertos. De ahí la obsesión por acudir a ella. Pero, como había sucedido en la vida, también en la

Pago de gabelas en una
miniatura del siglo XIV

muerte eran los poderosos los que estaban mejor colocados, pues eran ellos quienes podían ofrecer listas más largas de misas y los que podían ejercer con mayor magnanimidad la caridad con los pobres, al fin y al cabo intercesores simbólicos.

Se ha dicho que la nueva imagen de la muerte de fines del Medievo va ligada inseparablemente a la emergencia progresiva del individuo. Habiéndose roto en muchos casos los lazos que ligaban al individuo con sus antepasados, la gran novedad de la Europa de los siglos XIV y XV fue la aparición de la muerte personal. El individuo, por lo tanto, se encontraba básicamente aislado. ¿Cómo no buscar asirse a cualquier tabla de salvación que se le ofreciera? En ese contexto tiene explicación el desarrollo espectacular de la devoción a la Virgen de la Consolación, a la que acudían los fieles en busca de una protección. Idénticas características ofrecen devociones como la de la comunión de los santos o la de las ánimas del purgatorio, difundidas asimismo a finales de la Edad Media.

¿Qué le esperaba al cristiano después de muerto? La vida terrenal había sido un simple tránsito hacia la eternidad. Todos somos romeros, había dicho el poeta Gonzalo de Berceo, pero lo importante era terminar felizmente la peregrinación.

> *Quanto aqui vivimos en ageno moramos;*
> *la ficança durable suso la esperamos,*
> *la nuestra romeria entonz la acabamos*
> *quando a Paraíso las almas enviamos...*

El destino ansiado por todos era el cielo. Toda la vida en este mundo había sido una preparación para la salvación. Pero nada estaba asegurado, por muchas misas que se hubieran establecido en el testamento. ¿Acaso no existía el peligro para todo mortal de ser condenado eternamente a las penas del infierno?

Allí, bajo un cielo sin estrellas, resonaban suspiros, quejas y profundos gemidos, de suerte que, apenas hube dado un paso, me puse a llorar. Diversas lenguas, horribles blasfemias, palabras de color, acentos de ira, voces altas y roncas, acompañadas de palmadas, producían un tumulto que va rodando siempre por aquel espacio eternamente oscuro, como la arena impelida por un torbellino...

Es la visión del infierno que nos ha transmitido Dante Alighieri cuando – según la ficción– descendió a él acompañado por el poeta clásico Virgilio.

Había, no obstante, un lugar intermedio. Nos referimos, claro es, al purgatorio. Aunque su nacimiento se sitúe en los siglos centrales de la Edad Media, su difusión entre el pueblo cristiano tuvo lugar sólo a partir del siglo XIV. Por más que la idea misma del purgatorio fuera muy poco precisa, no cabe duda de que el culto a sus ánimas prosperó en el ambiente mental generado por las catástrofes de la decimocuarta centuria. El purgatorio significa abrir una nueva vía para el acceso al cielo, precisamente en unos tiempos en que las tragedias se acumulaban en la tierra. Así pues, los terrores de este mundo quedaban amortiguados por las esperanzas del más allá.

Bibliografía

Antonetti, P., *La vie quotidienne à Florence au temps de Dante*, Hachette, París, 1979. Ariès, P., H., *El hombre ante la muerte*, Taurus, Madrid, 1983. Ariès, P. H., y Duby, G. (directores), *Historia de la vida privada, 2, De la Europa feudal al renacimiento*, Taurus, Madrid, 1988. Collantes, A., *Sevilla en la Baja Edad Media. La ciudad y los hombres*, Ayuntamiento, Sevilla, 1977. Chiffoleau, J., *La comptabilité de l'au-delá. Les hommes, la morte et la religión dans la règion d'Avignon á la fin du Moyen Age*, École Francaise, Roma, 1980. D'Haucourt, G., *La vie au Moyen Age*, Presses Universitaires de France, París, 1961. Le Goff, J., *Tiempo, trabajo y cultura en el Occidente Medieval*, Taurus, Madrid, 1983. Le Goff, J., *El nacimiento del purgatorio*, Taurus, Madrid, 1985. Leguay, J. P., *La rue au Moyen Age*, Ouest France, Rennes,1984. Mitre, E., *La muerte vencida. Imágenes e historia en el Occidente medieval (1200-1348)*, Encuentro Ediciones, Madrid, 1988. Moulin, L., *La vie quotidienne des religieux au Moyen Age (X-XV siècle)*, Hachette, París, 1978. Nelli R., *La vie quotidienne des cathares du Langedoc au XIII siècle*, Hachette, París, 1977. Riera, A., *Sistemes alimentaris i estructura social á la Catalunya de l'Alta Edat Mitjana, Anuario de Estudios Medievales*, Anex 20, Barcelona, 1988. Riu, M., *La vida, las costumbres y el amor en la Edad Media*, De Gassó Hnos., Barcelona, 1959. Torres J., *Estampas medievales*, Academia Alfonso X el Sabio, Murcia, 1988.

Bibilioteca Básica de Historia

TÍTULOS PUBLICADOS

LOS INCAS

EL RENACIMIENTO

LOS AZTECAS

LOS FENICIOS

LA PALESTINA
DE JESÚS

LOS TEMPLARIOS

FARAONES Y
PIRÁMIDES

MITOS Y RITOS
EN GRECIA

LA GUERRA
CIVIL ESPAÑOLA

LA SEGUNDA
GUERRA MUNDIAL

LOS VIAJES
DE COLÓN

DESCUBRIMIENTOS
Y DESCUBRIDORES

NAPOLEÓN

VIDA COTIDIANA EN
LA EDAD MEDIA

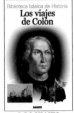

CARLOMAGNO

VIDA COTIDIANA
EN ROMA

LOS MAYAS

LA REVOLUCIÓN
FRANCESA

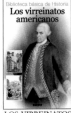

LOS VIRREINATOS
AMERICANOS

LA INQUISICIÓN

Biblioteca básica de Historia

Biblioteca básica de Histori

Biblioteca básica de Historia

Biblioteca básica de Histori

Biblioteca básica de Historia

Biblioteca básica de Histori

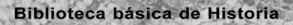

Biblioteca básica de Historia